CESTO DE MORAS

ARTURO TENDERO

CESTO DE MORAS

(Antología poética)

Prólogo de Carlos Marzal

RENACIMIENTO

www.editorialrenacimiento.com

BUGANVILLA, I • 41907 VALENCINA DE LA CONCEPCIÓN (SEVILLA)
tel.: (+34) 955998232 • editorial@editorialrenacimiento.com

Diseño de cubierta: Marie-Christine del Castillo

DEPÓSITO LEGAL: SE 1946-2025 • ISBN: 979-13-87939-17-5
Impreso en España • Printed in Spain

QUIEN SE TRAGÓ UNA AGUJA

J ORGE Luis Borges dijo en cierta ocasión —cuando ya era un autor célebre en el mundo— que todos los poetas son secretos. Aunque Borges cultivó la modestia como si se tratara de un tema literario más, la declaración pone de manifiesto una verdad profunda: incluso el más conocido de los poetas sigue siendo un escritor secreto, porque los lectores de poesía constituyen una secta minoritaria, una hermandad silenciosa.

De ahí que los poetas deban aceptar con orgullo la naturaleza de su trabajo. Son secretos y deben aspirar al secreto; es decir, deben intentar aproximarse al misterio: al misterio de las cosas, al misterio de los demás, a su propio misterio en la vida, al misterio sagrado del tiempo que fluye.

Sin necesidad de militar con demasiado énfasis en las filas de los partidarios del chamanismo poético —aquellos que defienden una idea platónica del poeta, como un médium entre los dioses y los hombres, como un hechicero por cuya voz hablan las oscuras fuerzas de la naturaleza—, cualquiera que haya tenido la experiencia de escribir poemas sabe que hay muchas partes de ese trabajo que escapan al entero control del escritor, por mucho que pretenda controlar todos los detalles del proceso creativo. A veces, cuando hablamos a través del lenguaje, el lenguaje habla a través de nosotros. La tradición no es otra cosa: se trata de cómo las mejores obras de los demás encarnan en nuestra escritura, y de cómo nuestra escritura pretende corporeizarse en esa larga cadena de palabras que son las obras de los demás. La tradición literaria siempre es un legado y una apropiación.

Creo que Arturo Tendero tiene una idea sólida de la tradición literaria, de la suya propia, de aquella a la que ha elegido pertenecer, y de la que ya forma parte por méritos propios. Es un poeta de las epifanías minúsculas, un descubridor de las innumerables magias de la cotidianeidad (y para eso también hace falta ser un chamán, aunque sea un chamán sin aspiraciones esotéricas).

La poesía de Arturo Tendero ha decidido anclarse en el presente, que es el único tiempo que de verdad interesa a los lectores, el único ámbito por el que los hombres sienten entusiasmo, por mucho que digan estar entusiasmados por el pasado o por el futuro, dos dimensiones que cobran sentido sólo cuando las convertimos en presente actual. Si no iluminan nuestro aquí y ahora, si no nos sirven para profundizar en nuestra inmediatez, el pasado y el futuro se nos escapan de las manos, representan una abstracción sin utilidad.

De ahí que los poemas de Arturo Tendero canten lo más cercano con convencimiento: la casa, los hijos, el amor, los bosques cercanos, los vencejos que se nos aparecen de manera súbita y un instante después han desaparecido.

Como todos los poetas verdaderos, Arturo Tendero padece un asombro permanente ante la realidad, ese ámbito inabarcable y sobre el cual la literatura de todos los tiempos intenta decir algo. Pero para decirlo necesitamos delimitar lo que más nos pertenece en lo real, lo que nuestra intimidad rescata entre lo innumerable. La mirada de Arturo Tendero –tan importante en un poeta– es la de un apartado, la de un observador clandestino, el espectador secreto al que aludíamos al principio, el que aspira a preguntarse y responder por los secretos del mundo.

En uno de sus mejores poemas, «Caldofrán» (un ingrediente de los guisos familiares de su infancia, de los cocidos mitológicos de las abuelas del poeta), se dibuja una escena doméstica rescatada de la memoria. Las tías y la abuela de Arturo Tendero cocinan y cosen hasta casi desaparecer en la penumbra del crepúsculo. Una voz advierte:

> *cuidado con el nene,*
> *no vaya a tragarse alguna aguja*
> *que van luego derechas a la sangre*
> *y de ahí al corazón.*

No creo que haya mejores definiciones de lo que es un poeta: alguien que se tragó una aguja, alguien que siente de vez en cuando en el corazón sus punzadas, alguien fatalmente herido y que nos lo recuerda de vez en cuando con palabras.

CARLOS MARZAL

CESTO DE MORAS

«Tinc el meu passat a les mans com un cistell de móres i no sé què pensar-ne».

(Tengo mi pasado entre las manos como un cesto de moras y no sé qué pensar de él).

PERE GIMFERRER

I

CALDOFRÁN

A menudo se oía:
    «No queda caldofrán», y alguien se echaba
un chal sobre los hombros
y salía a buscarlo
como si fuera el último ingrediente
de un hechizo.

Yo era un niño aprendiendo las palabras.
Y, con ellas, el mundo
se iba adensando en mí
conforme el caldofrán se desleía
en sucesivos guisos.

Por eso, cuando ahora
murmuro «caldofrán»,
la vida rebobina,

me veo andando a gatas
en baldosas marrones,

se escucha cómo bulle
cocido en el puchero,
siento el aire que mueve
mi abuela al desplazarse
(casi puedo tocarla).

En la sala de estar cose mi tía.
Con solo hablar de ella,
me veo ya sentado
en mi trona, mirándola:
«cuidado con el nene,
no vaya a tragarse alguna aguja
que van luego derechas a la sangre
y de ahí al corazón».

Nos vamos apagando en un silencio
de higuera y de penumbra,
apenas nos sostiene
el viejo aburrimiento de un reloj.

No encenderán la lámpara
hasta que no seamos
lo que somos ahora:
bultos casi invisibles,
sombras, sueños.

Seguramente sí
que me tragué una aguja
y cada vez que digo «caldofrán»
me noto la punzada.

ALCANCÍA

IGUAL que una moneda
antigua, diminuta,
también, si así se quiere,
completamente inútil,
aquel cañón de sol
que llegaba a mi infancia
por la persiana rota.
Eternas caravanas
de motas peregrinas
danzaban en su haz.
Sabe dios desde dónde
vendrían a mi alcoba.

En esta luz de mayo
renace aquel asombro
de la contemplación.
Tú formas parte de ella,
pues se escuchaba,

al fondo de la casa,
tu trajín laborioso
y todo lo tangible
como un aura guardaba
tu olor, tu protección.

Ahora que el cielo cabe
entero en la rendija,
que ya no está la casa
y tampoco tú estás,
como en un ascua soplo
en la luz que poblasteis
y se reaviva el fuego
dormido de mi vida
que está ya para siempre
expuesta a la intemperie.

OÍR LA PROPIA VOZ

BENDITA luz, mi brújula, poesía,
en ti busco refugio como en el agua fresca
hallada en un venero, oculta en culantrillo.
Bebo de ti con avidez furiosa.
En ti calmo la sangre,
tarántula que corre por mis venas.
En ti vuelvo a la Arcadia y toco lo intocado:
el oro, la ballena, el azafrán silvestre,
y revivo el romance que se extravió en el bosque,
y bato alas sobre el precipicio.
Qué asombro, sí, qué asombro
recuperar la arqueología, escribir con las manos,
con el niño, con el tesoro
que una y otra vez recuento a solas
en la noche, en el bosque, en mi escondite.

ANTES DEL DESAYUNO

AUNQUE estamos ya en mayo, qué tarde que amanece.
Por la ventana, el cielo no deja de dar sombra
en esta habitación en donde la tardanza
del día nos mantiene lejanos y aturdidos,
como en el sueño aún. Y sin embargo,
todo se despereza en su costumbre:

                                        trazan
los pájaros su círculo incansable, y aquel
rumor que ni se oía resultan ser las voces
de gente que conversa entre largos silencios,
enfermos y parientes, ahora despojados
de la prisa, se acogen al precario calor
de la palabra.

                Apenas
un tabique separa su infortunio del nuestro.
Qué irreales que suenan, como dentro del pozo
de tus ojos hundidos, sobre el paisaje gris
de tus brazos marcados por agujas,

tus dedos que teclean
                    en la sábana.
¿Qué prisa tienes, madre?
Si estamos ya desnudos de todas las rutinas.
El desayuno, el día, que vengan cuando quieran.
Nosotros, a eludirnos
en este cuadrilátero de sombra.
                              Saltan chispas
si en el vuelo se cruzan nuestros ojos:
rehúyes preguntarme lo mismo que no tengo
valor para decirte. Y dura más la noche
en esta habitación donde no queda sitio
hasta que no dejemos que los ojos se encuentren
apenas en el tiempo de pensar
que esta mirada es una despedida.
                              Alguien abre
la puerta, y la enfermera irrumpe y da la luz.
No era la luz, no era la luz lo que esperábamos.
En sus alas galopa la carcoma, se tarda
en ver de nuevo y, cuando otra vez miro,
                                    de pronto,
ya no estás. Tras el fino tabique de los años
se oye más nítido el rumor de aquella espera,
pero aún no sé decir lo que entonces no dije.

El día aún no ha nacido, aún se demora
la luz para nosotros, mientras la vida en torno
se despereza, fiel a su costumbre.

MADRE

Era el olor del bálsamo en la noche,
el concilio del miedo con el tacto,
su susurro en la alcoba,
el acecho del frío y de la calentura,
los labios que soplaban en la leche
tintada con canela de su piel,
las buenas noches, la oscuridad primera,
sus pasos alejándose,
la cama que se hundía lentamente en el bosque,
las sombras torrenciales,
mi voz que la seguía,
ahogada, débil, ronca,
por las habitaciones y los años
hasta perder su rastro entre cipreses.

DETALLE DE UN PATIO EN SEPTIEMBRE

Parece que mis ojos en esta luz tan tenue,
que es casi una neblina, se extravían.
Me pierdo en los recuerdos, y ya no estoy aquí
sino en algún otoño guardado en los sentidos.
Baña el patio una luz de lejanía
que se enreda en la parra y con las hojas
de higuera se oscurece.
Los higos han caído,
forman manchas parduzcas en la grava,
se los comen los pájaros.
Desde la casa llegan,
aún vivas, vuestras voces, vuestras risas,
rodando como aliagas.
En un haz de esta luz, cuántos otoños caben
y qué pronto me arrojan
de bruces al presente, al patio en que no viven
la parra ni la higuera,
y estáis todos vosotros
caídos y pisados y comidos por pájaros.

LECTURA VIVA

«Esta casa es mi cuerpo».

CÉSAR SIMÓN

SE cumplen treinta años de tu ausencia
y sin embargo acabo de leer
en tu diario
que estás de nuevo solo en esa casa
apartada en la sierra
donde a menudo escribes.

Sin encender la luz,
deambulas, piensas,
reconoces a tientas los perfiles
de todos tus objetos familiares,
ligeramente intruso
en medio de tu propia intimidad.

Yo también estoy solo
en esta casa grande
y con tu libro entre las manos voy

siguiéndote sonámbulo
por las habitaciones.

Cuando te paras,
me paro yo también
en sitios similares,
y como tú, levanto la cabeza
y miro hacia el pasillo
porque he creído oír
pisadas
que con certeza sé que no son tales.

Si acaso carraspeo o, si al andar,
cruje bajo mis pies una baldosa,
hay una anotación en tu diario
que acusa mi presencia.
Hay ciertos ruidos, dices, *que no sé
de dónde vienen
y que, no obstante,
consuelan y acompañan.*

En este caminar
a tientas por la casa,
presintiéndonos,

parece que estás vivo,
que expectante me asomo a la asombrosa
soledad de tu muerte.

PARTIR EL PAN

Estoy viendo a mi abuelo: en una mano el pan,
con la otra, solemne, guiando la navaja,
humilde maquinaria que fascina a los niños
y aviva en sus pupilas las chispas de la fragua.

En el mismo lugar, sobre el mantel a cuadros,
mi padre está cortando contra el pecho la hogaza
con leve forcejeo como de leñador.
Oigo el pan y lo huelo en cada rebanada.

Sus sombras se apagaron. Sin embargo sus voces
aún chisporrotean en la lumbre más mansa:
los rescoldos del sol que hemos visto marcharse.

Qué orgullosa mi madre de ver a todos juntos
cada vez que este gesto sencillo nos reclama:
este cortar el pan con mis manos de padre.

LA MEMORIA DEL VISIONARIO

De tanto como hace
que no paso la noche a la intemperie
ni me asomo al balcón
a ver si está la luna, ni me fijo
en el ir y venir de las hormigas,
he perdido el asombro.
Como el que achica agua en una barca,
los días se me escapan en correr
de un lado a otro, con angustiosa urgencia,
sin poder contener la inundación.
Todo es fugaz, remoto, intrascendente
y sin tocarme pasa
más etéreo que el viento, que se deja
al menos el rumor de haber pasado,
su tacto fantasmal sobre la nuca.
El alma, como el agua,
huyó de entre mis manos,
y aquel

que al contemplar paraba el tiempo,
aquel que tal vez fui,
sólo rara vez vuelve
como una forma antigua de locura.

CASTILLO VACÍO

CONFORME me aproximo
al recinto vacío del castillo,
siento la expectación
del que va a presenciar una batalla.

Pero dentro es más bien
como si todo hubiera
terminado hace mucho,
como si hasta los buitres
y perros que limpiaron
de carne los despojos
formaran parte ya
del aire que respiro.

Nos zarandea un viento
con alma de soldado,
distancias, malas hierbas
que invaden cualquier cosa

capaz de soportarlas;
que invaden el mirar.

Vine buscando guerra
y encuentro, campeador
y victorioso, el tiempo,
que borra los ejércitos
y despoja castillos,
y no hay héroe que haya
podido derrotarlo.

AUTOCONJURA

AHORA es el momento de estudiar
qué planta es esa que da las flores blancas
y menudas,
qué pájaro el que canta *chip chip chip*.
Mañana será tarde. No quiero posponer
ni un solo día
el tiempo de aprenderlo
porque corren los años
y mi yo, en el futuro, encontrará
que no lo aprendió todo,
que sigue sin saber cuál es la flor
y cuál el pájaro,
que la vida se escapa sin dejar asideros,
sin haber sostenido ni una humilde certeza.
He llegado a una edad donde las cosas
que no emprendas ahora
ya nunca las harás.

II

LAS NOCHES QUE NO HAY CUENTO

ME adentro presuroso en vuestra alcoba
pero ya estáis dormidos, llego tarde.
Aparto los juguetes, tan calientes
de vuestras manos
que a mí casi me queman al tocarlos.

Entonces descubro que mi sombra
se parece a la sombra
de alguna pesadilla. Me da miedo
dar miedo
que es un miedo aún peor
que ser un monstruo.

Como dormís tan suave,
las tormentas se calman al oíros.
Os doy un beso, huelo vuestro olor
y, al arroparos,

mi sombra se pone cariñosa,
se vuelve familiar, me reconoce.

Al salir voy
andando con cuidado
y mi sombra me sigue como un gato
lamiéndome las puntas de los pies.

PLAYABLANCA

Los gritos y las risas de mis hijos
son también playa, tanto como la arena.
Al oírlos, cualquiera pensaría
que andan revueltas las gaviotas
a la porfía de las olas últimas
que estallan en la tarde.

Yo también quiero celebrar con ellos,
ser instrumento, cuerda en esta orquesta
de color y de luz,
que acoge cuanto vibra y que lo mezcla.

Qué triste espectador el que no sabe
habitar en las cosas, disolverse
en lo que admira, y sigue siendo
a pesar suyo, espectador, y sólo eso.

Qué insalvable distancia el pensamiento.

Dejan mis hijos de amasar la arena,
vuelven los gritos a ganar el mar
en su porfía y, persiguiéndose,
ingresan en el caos,
la serena apariencia de lo desconocido.

FURTIVOS

Como si fueran huellas de un delito,
recogemos con prisa
las ropas esparcidas, devolvemos
al sofá sus cojines
y dejamos que vuelva la luz gris
de este día en que ambos
nos echamos de menos
en distintos lugares,
en otros menesteres, como
si aquel impreso frío que firmamos
no tuviese valor, como si aún
robásemos el cuerpo a nuestros padres
con el mismo placer por lo prohibido,
como si para algunas cosas
no creciéramos nunca.

LA CAÑA DE LOS VIERNES

Según sales
por fin del instituto,
el bar que digo hace
esquina con la borde
estepa castellana.
Pero empuñas el vaso
de cristal espumoso
y no te importa ya
de dónde vienes
ni que tienes que irte.
En la penumbra, todos
los bultos te sonríen.
Otra ronda de cañas, camarero.
Nadie atiende a la música
hipnótica, ni al vídeo que repite
una secuencia en bucle.
Y no obstante son bosque,
representan

el entorno ancestral
de nuestra especie:
la luz lunar, el fuego,
la ebriedad de dar vueltas
y más vueltas al tótem
inundados de ritmo
sin que nada suceda
en apariencia.
Nos vincula este estar
en el paciente
calor de la manada,
nos forja como tribu este silencio
que reina entre los ruidos y sellamos
con el sabor amargo
de unas cañas bien frías.

CARTA AL MAESTRO

Si alguna vez no te entendí, querido
Antonio, ya los años
han ido reparando mi candor:
también yo pago
con mi propio dinero la hipoteca,
mi aliño indumentario
es ir en chándal siempre
(dile a Juan de Mairena
que, igual que él, doy clases de Gimnástica)
y escribo por instinto, sin pensar
en si habrá al otro lado
unos ojos que beban en mi fuente.
Estoy seguro, en cambio,
de que nunca en España
nos faltarán tiranos
de esos que van con la escopeta al hombro
y disparan a todo lo que vuela
sin distinguir los versos de los pájaros.

De tu última lección involuntaria
tomo nota: no estamos
nunca del todo a salvo los poetas.
Cuando menos lo esperas,
toca salir tirando
con una improvisada maleta de cartón
y dos versos rumiados,
que puede que a algún listo
le den para comer,
pero a nosotros solo, y qué regalo,
sostener con palabras
estos días azules y este sol de la infancia.

CONCIERTO PARA RISA Y ORQUESTA

EL albornoz se ríe con tu risa
si lo dejas colgado después de haber reído,
y a su compás se ríen las chinelas,
y el piso vibra lírico el domingo
cuando los dos volvemos
de la ducha, morados, casi etéreos,
y tiemblan los cristales con tu risa imperiosa
capaz de contagiar a la ropa tendida.

Aunque enero interprete la música que hiela,
aunque brille la escarcha en el alféizar
como una piel de plata que pide su caricia.
Tu piel también la pide cuando el agua del chorro
se desliza en tu cuerpo y resplandece
con un chisporroteo de fuente reencontrada.

La sigo oyendo aún, aunque han pasado horas
y cesó el chapoteo y tú no estás.

Abrazo el albornoz y aún noto sacudidas,
signos de que tu risa persevera,
recorre con chinelas los pasillos,
se asoma a los balcones de la tarde,
se pierde y sigo oyendo su fluir calle abajo.

Retuerzo el albornoz, lo escurro y aún perdura
el temblor de tu talle ceñido por mis manos
en medio de una risa terremoto.
Me aferro aún a los ecos, al frufrú con que andabas,
a tu hormigueo vivo entre los dedos,
mientras vuelvo al pasillo, cubierto
por la noche, ahogándome en penumbra,
bella novia, vaho de enero en los cristales.

TRABAJO EN EQUIPO

ESTÁBAMOS durmiendo a medianoche
y nos despierta a gritos
la pequeña:
le ha sentado algo mal.

Entonces nuestros cuerpos ejecutan
autómatas tareas, recogemos
el vómito, calmamos a la hija
usando las palabras
y el tono que aprendimos en las voces
de quienes ya no están, como si aún

estuvieran pendientes,
como si, al desvelarnos,
acudiéramos todos,
también ellos, quién sabe
desde dónde,
para echar una mano.

Al despertar mañana
no sabremos decir
quién apagó la luz.
Pero nadie pregunta, no hace falta
buscar explicaciones,
para eso están los sueños,
para mezclar los vivos con los muertos.

EL SABOR SOLITARIO

Si trae muy malas notas el mayor,
o el mediano decide no hablarme en todo el día,
o la pequeña ha vuelto
a dejar sus juguetes tirados por la casa.
Si te vas tan deprisa que te vas
sin despedirte, o bien si nos cruzamos
con un amigo por la calle y no
me reconoce, y nos dispersa el tráfico.
También si me despierto a medianoche
después de haber hablado en sueños
con mi padre, que nos dejó hace meses,
como si me llevaran de la mano,
voy silencioso a la despensa
a lamer solitario mis heridas.
Las que no sé curar
de otra manera, a veces
tienen sabor a chocolate.

CAFÉS LITERARIOS

ME abruman los amigos en las cafeterías
con su prisa de libros ya leídos,
su quitarse entre ellos las citas de la boca
fumando de nariz,
mientras beben café hirviendo sin quemarse.
Yo procuro seguirles, aunque llego
siempre tarde a los libros, a las citas,
tomo nota mental, sigo la estela,
los aspiro en el humo, incandescentes,
cuando brilla un instante el nombre del autor
para ser enseguida
ilegible ceniza que una mano sacude.
Tan atento persigo las palabras
que acabo por quemarme la lengua con el té.
Y es hora ya de irse, y voy tras ellos
atrapado en el tiempo,
sabiéndome incapaz de conciliar
mi anhelo con mi vida.

QUE LO SEPÁIS

Durante siete años, cada día,
cuando os bajaba en coche al instituto,
los tres, uno tras otro, adolescentes,
sin piedad me impusisteis
vuestra ruidosa música
burlándoos de mis gustos clasicistas.

Ahora que ya estáis
en la universidad
o más lejos incluso,
nadie me impide oír
al fin lo que quería,
                    y sin embargo,
como si fuerais aún de copilotos
sin dignaros hablar de los exámenes
ni de nada importante
para un vulgar adulto

ahora que no estáis
para alargar el índice a la radio,

trato de convencerme
de que aborrezco
vuestra dichosa música

pero no encuentro el modo
de cambiar de emisora.

MÁS AFÁN QUE PROPÓSITO

No dejar de aprender
hasta el último instante,
sobre todo saberes
que los viejos valoran,
como tomar el sol
de invierno ante una tapia
o apretar una mano
caliente entre dos frías,
apreciar el afecto
que callan los amigos,
que todo el mundo entienda
qué dice mi sonrisa,
aceptar que mis hijos
ahora son mis maestros,
ser el mejor contando
a los nietos batallas,
y más que nada hacerte
sentir cuánto te quiero

en tanto que apuramos
sin prisa la tranquila
derrota de los años.

STAND BY

Es medianoche y bajo a la cocina
a comprobar que todo está apagado.

Tan solo parpadea el *stand by*
de un reloj que mi madre,
con aquel entusiasmo anárquico tan suyo,
me regaló hace décadas.

No es que entonces me hiciera
una ilusión tremenda:
lo arrumbé en la cocina.
Unas veces lo enchufo y otras no.

En noches como esta, no le hace falta enchufe:
persevera enviando
noticia de la hora
a la vajilla sucia, al frigorífico,
a la desangelada mesa.

Al mirarlo, me atrae,
igual que un corazón palpitando sin cuerpo,
como un faro que envía
señales de la vida
a los barcos hundidos.

III

AMIGOS

A dónde os habéis ido, que ya se os oye tenues
como lluvia alejándose,
o no se os oye y sólo se distinguen
relámpagos lejanos que esclarecen la bóveda.
He salido hasta el páramo a buscar
vuestras huellas temblando en un camino,
pero antes que yo llegó la escarcha,
el tiempo con su pala melancólica.

A dónde os habéis ido,
a qué país, bajo qué nubes rompen
ahora vuestras risas, roncas como pedradas.
Aquí ya se apagaron y son fríos
pedregales tiñéndose de ocaso.
El viento, sólo el viento, trae cartas ilegibles.

En medio del fragor de un mundo en estampida,
custodio mi sosiego igual que una heredad

que, surco a surco, pierde olor, detalles.
Apenas si consigo retener
el ceño que fruncíais al oír
esquilas de rebaños esquivos a la vista.

Vivir es alejarse.
Si alguna vez volvéis, regresaremos juntos,
pero nunca al lugar donde nos conocimos:
en nada la memoria
se parece al reencuentro.

NO HAY VUELTA ATRÁS

TRAS 25 años
volvemos al lugar
donde nos conocimos
y en nada se parece:

han cambiado la plaza,
las luces y las tiendas,
falta la luna,
ni siquiera sabemos encontrar,
si sigue en pie, la casa,
en medio de un trajín
que nos ignora.

Es obvio que a la gente
le trae sin cuidado
nuestro arrobo.

Quién nos hubiera dicho
aquellos días
en los que nos jurábamos
amor eterno
que era la eternidad
una nostalgia
tan insignificante.

CARTA SIN DESTINATARIO

Asisto al sol que nace como a una ceremonia.
Es un desdoblamiento: estoy aquí
y a la vez con los otros,
con quienes amanecen sin ver amanecer.
Saludarán al día en un reloj,
encenderán la lámpara,
un grifo, el desayuno,
y ya en la calle el mundo estará andando
con una luz vulgar, la luz de siempre.

Ver este amanecer
que apunta por el este en un silencio estático
es guardar una carta.
Tal vez no pensaremos nunca en ella,
quizá hasta la perdamos
como cualquier objeto guardado por guardar.
Pero cómo saber que un día de tinieblas
este simple recuerdo, este instante de asombro
no vendrá en nuestra ayuda a rescatarnos.

DÍA DE DIFUNTOS

A veces vuelve uno de la noche,
y aunque entra en la casa,
y da la luz y cierra, no consigue
sacudirse la noche.

Y se cambia de ropa,
y se pone más cómodo, se sienta
en su sillón de siempre, y no consigue
sacudirse la noche.

Y toma un libro y huye
a través de las páginas
como un ciervo acosado,
y ni aun así consigue
sentir que ha vuelto a casa,

sacudirse ese peso de los ojos,
ese presentimiento

que no vencen las luces terrenales
y ni el sillón, ni el libro,
ni la casa exorcizan.

RÉQUIEM

Dᴇᴊᴏ la bolsa negra en el contenedor
y en lugar de olvidarme como siempre,
con la mente persigo
a ese camión que arrastra mis despojos
hacia un reino de afueras

en donde alumbran menos
los charcos y las latas,
crujen los puentes viejos de hormigón,
es más árido aún, más hosco el viento,
a duras penas llegan
las wifis y las ondas
sin nadie que las capte
y las convierta en frases ingeniosas.

Solo las plagas, ratas,
bacterias, virus, moscas

en torno a mis residuos,
mi dádiva del día.

Y unas cuantas gaviotas
que, tras darse un banquete en la basura,
me sobrevuelan todas
las tardes en el campo,
hermosas sobre el cielo del crepúsculo.
Ellas son el futuro
que estoy alimentando.

APARECIDOS

A menudo la muerte se retrata
junto a nosotros, y de aquellos años
en que inmortalizar era una moda
quedan aún rondando en los cajones
fotografías donde ya se afila
un rostro, se insinúan las ojeras:
«fue una semana antes de ingresarlo».
Pero en las fotos todo el mundo es joven.
Comprenderemos el pasado
después, al reencontrarlas
en una caja de cartón: «¿Quién eres?
¡No me digas!»
Y asientes, aunque no te reconoces;
no queda nada en ti del que posaba.
Y sonríe a la cámara, feliz,
gente que se marchó sin despedirse.
Tú mismo, un día.

LA ACERA SIN EL HOMBRE

Vuelvo a mirar la acera sin el hombre
que paseaba con aire reflexivo
de arriba abajo, en un estrecho tramo,
todas las tardes a esta misma hora.

El hombre que cruzaba unas palabras,
–por prudencia eran pocas,
aunque estaba dispuesto,
más que dispuesto, ansioso,
a desvelar retazos de su vida,

a salvar como fuera
un puñado de piezas en el puzle
de la historia del mundo,
si el tiempo y la ocasión le daban pie–.

Cualquiera que ahora pase,
queriendo por ejemplo

saber cómo se llega hasta el castillo,
no notará la falta.
Y sin embargo
¿dónde están las historias
que contaba aquel hombre?

A VECES NO ME ENTIENDO
CON MIS MUERTOS

A veces no me entiendo con mis muertos
y sin embargo, sigo, a mi manera, siéndoles
leal, no con las flores del día de difuntos
sino con la genética:
sigo mirando el campo con sus ojos
y nombro lo que veo con sus mismas palabras.
En mi timbre de voz sé que resuenan
y tienen una forma los espejos de verme
que están viendo a mi padre y a mi abuelo
y a más generaciones que no dejaron fotos.
A veces no me entiendo con mis muertos
igual que no me entiendo muchas veces conmigo
pero aquí estamos juntos en este cuerpo todos,
lo mejor que podemos, en quien vive hacinados.

GATO

Desde el alféizar
de la ventana, un gato
me mira muy atento.

Tan parecido es
al gato que hace tiempo
tuvimos,
que estoy a punto de decirle: pasa.

Pero murió aquel gato
y lo enterramos.

Sin embargo, sus ojos me persiguen.
Es como si esperase
que mis gestos retomen
una antigua costumbre.

Cada vez me resulta
más familiar el verlo en la ventana.
¿Soy yo quien se parece
a la imagen que buscan
sus ojos extasiados?

De pronto, algo le asusta.
Se va sin acabar
de estar seguro
de quién soy.

Me quedo.
Soy la duda del gato.

ATARDECER EN LA LAGUNA

Sangra la luz y el viento me susurra
en el oído un canto de agonía,
y tú no estás, o estás sin que te sienta.
¿Estás?

Se apaga el aire,
                    Suena quedo
lo mismo que tu voz, esa costumbre.

Quietud de diminutos movimientos,
silencio de recuerdos de palabras,
el día se desangra,
                    y tú, mi vida.

EL EXTRAÑO

Limpiando esta mañana el polvo de los libros,
se ha enredado en tu mano
uno de los primeros que compraste.
Recuerdas vagamente aquel irlo leyendo
bajo el sol de las calles de la ciudad perdida.
No dejó la impaciencia que lo abrieras en casa.

En todas las mudanzas de anaqueles
que se acumulan en tu biografía
pesó en tus manos, dócil y simbólico.
Ahora sin embargo
no logra conmoverte.
Te preguntas de quién será esa letra altiva
que afirma necedades en los márgenes
y subraya unas citas prescindibles.

Te intentas convencer de que esa letra
no es tuya

—¿de quién va a ser si no?—
y es sorprendente no sentir la pérdida
de todos los que has sido desde entonces,
acumulándose para llegar
a esta opinión severa del que fuiste.

Sé clemente.
Al fin y al cabo, estar es lo que importa.
Qué más da los caminos, los errores,
incluso los cadáveres
que hasta aquí te han traído.

RELATIVIDAD

Es de noche y desde este mirador
contemplo la ciudad como un rosario
de estrellas incapaces
de remontar el cielo. En una de ellas,
la pálida ventana de la 630,
mi padre está muriéndose.
Desde aquí es imposible distinguir
su luz entre las luces
que alguien diría hermosas
como una pira funeraria.
Contemplo hipnotizado cómo arde
y al mismo tiempo estoy con él, ahí,
haciéndome a la idea,
apurando su llama, reteniéndola
sin querer y queriendo en la memoria.
Aunque ya no sucede en primer plano,
no deja de ocurrir ese recuerdo:
Pregunta: «¿Y ahora qué?» Y yo le respondo:

«Vivamos este ahora».
Su luz, como una estrella que murió,
y sin embargo vemos aún brillar,
sigue parpadeando todavía,
a sideral distancia, en estos versos.

IV

FINIS TERRAE

Despierto y oigo un mirlo
que disputa al silencio su reinado.
Vuelvo a cerrar los ojos.

La mañana es un tren que se avecina
en la estación desierta.
Todos duermen.
Nada, sino la voz del mirlo
deja pensar que el mundo está existiendo.

Como si, solos,
el mirlo y yo que escucho,
no muy despierto aún,
mantuviéramos viva
la conciencia del mundo.

Por eso, cuando el mirlo calla más
que de costumbre,

vacila la existencia, se adelgaza,
más leve que el rocío,
se desvanece en humo,
contenemos el aire
y ya no estamos.

PARA ESO VINE AL MUNDO

Con una dignidad desconocida
bajé a la calle. Apenas empezaba
la luz a abrirse paso en la ciudad.
Así de transparente, así de ingrávido
andaba yo, capaz de batir alas
para ser uno más con los vencejos,
de brillar como el sol que renacía
en las acristaladas azoteas,
de sacar la cabeza sobre los edificios
igual que hacen las grúas.
Nada aquella mañana me era ajeno,
inalcanzable. No tener dónde ir
o no llevar ni un duro en el bolsillo
eran solo minucias, alicientes:
venía de yacer con una amiga
y me sentía al fin
partícipe de todo lo creado.

MURCIA

Esta misma canción que suena ahora
me despertó a todo volumen
y ya la luz entraba a borbotones,
esclareciendo el caserón vacío.
Eché a andar por las calles
tras un rastro de azahar
y de campanas.
Las fachadas se fueron estrechando,
parecían llevar a un callejón
definitivo.
Pero siempre acudía, salvadora,
una plaza
y aquella luz cordial
quitaba hierro a todo.
Andando a la estación
perdí mis pasos en las calles
y nunca volví a ser
el mismo que había sido al despertar.

¿Dónde van los que fuimos?
Acaso nunca salen de nosotros.
Aquella caminata
por plazas luminosas
me ha traído,
veinte años después, a este recuerdo.

LA FECHA

La llanura ahí abajo
tan quieta que contagia su quietud:

la crudeza del cielo,
el tono de la luz,
el calor aplastante,
las aves que son otras
y parecen las mismas,
igual que los vecinos
que repiten los rasgos de las fotos
de sus antepasados.

Todo tiene su peso y su importancia,
nada es banal para quien vive y mira
y piensa en esta hora, este lugar,
en esta fecha:

21 de julio de 2000,
donde no pasa nada, eso parece,

y sin embargo estamos disolviéndonos
en el puro presente.

LO QUE HAY QUE OÍR

No entiendo echarse al monte, ensordecido
por dos auriculares,
como si hiciera falta una escafandra
para sentirse a salvo
del frufrú de la brisa
que se espulga en los pinos,
del crujir de las alas
que levantan el vuelo ante nosotros,
del rechinar de nuestros propios pasos,
del múltiple zumbar de los insectos
que tejen la madeja del paisaje
con hilos invisibles.

Cuando me cruzo gente
que lleva auriculares, me pregunto
qué me estaré perdiendo, distraído
con la puesta de sol
y ese silencio absorto de la bóveda.

Supón que hay una magia,
que el mundo nos invita a formar parte,
que quien lo escucha existe
y quien anda sumido
con los auriculares, dónde anda.

DESBROZAR EL CAMINO

Está el camino a veces y otras no,
se desanima. Y hemos de buscarlo
en la costumbre, en signos que lo guardan,
como esta vieja casa de campo hecha cascotes,
tomada por insectos, ortigas y reptiles,
antiguos moradores del lugar
que lo han recuperado tras un exilio breve.
Buscamos de reojo algún vestigio
de los que aquí vivieron, de su extinta rutina
sin duda comparable con la nuestra:
olor a pan, sudor, chisporroteo de lumbre...
Y todo lo que hallamos son ciertas presunciones,
inexactas sin duda. Qué fácil se recicla
nuestra compleja trama:
pasiones y hasta hogares que parecen tan firmes
ocupan poco espacio en los anillos de un árbol.
No es erigir acaso lo que importa,
es mantener en pie lo que encontramos,

aprender a vivir en las antiguas casas,
vestir viejas costumbres, desbrozar el camino
que lleva del que fuimos al que somos.

ROMERÍA QUIETA

Lo mismo que cruzar una frontera
que nos devuelve al pueblo
donde echamos a andar,
frotar con una mano
la mata de romero,
acercar la nariz
y dejar que el olor
fecunde la memoria.
Revolotean, zumban sin posarse
milenios y centurias,
desde que éramos monos, desde el éter
y los primeros átomos.
Los rebaños desfilan y los soles
asoman y se van, mientras la gente,
entre tareas, hace el amor, suda,
completa su vivir y da el relevo
con el romero siempre muy cercano,
absorto en su virtud,

su olor, donde está todo
y todo vuelve a irse:
palabras que alguien dijo
o que callamos,
unos ojos, la ráfaga
de un día que hace mucho
se nos cayó en un pozo.
Oler el romero es asomarnos.

TREN DE REGRESO

SENTADO en este parque,
en el atardecer de los semáforos,
ha pasado ante mí, como un expreso,
el poso, vivo aún,
de aquella noche de estudiante,
una de tantas:

un taxi nos llevaba
de un piso en fiesta a otro,
envueltos
en confusa alegría.

Es todo cuanto queda. Lo demás
el tiempo lo ha disuelto
y qué importancia tiene.

Ni siquiera recuerdo quiénes íbamos.
Sólo distingo, al recordar, fachadas
que veloces desfilan entre el tráfico.

Pero, con la fugacidad,
formando parte de ella, también vuelve
aquella hermosa lucidez, aquel
sentirse transgresor, al otro lado
del mundo conocido y de sus normas.

Cuántos momentos en la vida hubo
menos discretos, menos imprecisos,
y cuántos que creí más importantes
de los que no queda una huella
tan vívida, ni tan consoladora.

LA VIDA DE OTROS

ME asomo a las ventanas que descuidan
su intimidad,
los ojos se me van solos y miran.
Es un instinto
que me suele dejar insatisfecho:
ver solo una porción muy fragmentaria
de la vida de otros,
no da tiempo
ni de hacerse una idea.
                              Y, sin embargo,
así es la vida:
eso que veo es vida
pasándole a otra gente,
una pared, un cuadro,
la lámpara que da una luz tristona.

Como mirar un pueblo desde el tren:
vacas, una mujer en delantal,

ni tiempo de fijarse en su expresión.
Qué pocos datos,
unos indicios solo
con los que reorganizo lo que intuyo.
Así que, finalmente, lo que hacen
es hablarme de mí
más que de nadie.

DOMESTICAR LA DOMUS

Esta mezcla de alivio y de pereza
de volver de un viaje,
sobre todo si ha sido
una ausencia lejana y algo larga,
y reencontrar la casa poco a poco,
desde el roce en el suelo de la puerta
al vaho de invernadero
que se ha ido condensando.
El más acogedor de los sofás
no recuerda cuál era la postura,
y las pantuflas
son demasiado grandes,
me bailan en los pies.
Hay más baldosas sueltas
que cuando nos marchamos
y en nuestros vasos ha estado bebiendo
con su boca reseca la canícula.
Huele mucho a papel,

todo en desorden, un
desorden viejo, de otro
que se fue de viaje ilusionado
y no tiene que ver
con este que regresa.
Hasta después
de haber dormido al menos
dos o tres noches,
no volveremos otra vez a aceptarnos
mi casa y yo.
Fíjate qué será no tener casa.

ESFERA ROJA

Este pinar que linda con el pueblo
ha ido perdiendo nombres de cerros y parajes,
utilidad de hierbas que anónimas soportan
la herrumbre del otoño, entre la leña
que nadie ya recoge.
Han muerto juntos fieras y costumbres.
Ahora para todos se pone el mismo sol,
una bola que tiñe de rojo lo que toca:
las ruinas del castillo,
las últimas almenas del poniente.
Se pone para todos, en el sordo bullicio
que forman las tareas menores de los sábados.
Me abruma este estar solo contemplando,
cargar solo este peso, esta extinción
que ni sabremos explicar, ni nadie
pedirá que lo hagamos.

VENTANA TRASERA

La ciudad es la misma,
pero no lo parece:
abre sus entresijos
a esta ventana
a la que nunca antes me asomé
y es probable
que nunca más me asome.

Se ven solo tejados,
patios, vegetación muy descuidada,
y un árbol patriarcal
que lo mismo llegó
antes que los primeros moradores
y vive oculto ahora, como un arca.

Todavía bombea
la sombra imprescindible
para que exista vida en este páramo.

Soy solo una visita en casa ajena;
distraigo estos minutos
hasta que me reciban.

No hablaremos del árbol.

Los que viven aquí
lo tendrán ya muy visto.
Es como si vivieran
en otra dimensión donde no está.

El mundo entero vive
en otra dimensión.

Dentro de media hora,
yo también.

EL REINO DE LAS LUCES MENGUANTES

Ni siquiera la lluvia es consistente.
Se muere en el paraguas con una languidez
que no es de abril. Y más que anochecer
se derrite la luz entre farolas.
Busco calles, esquinas, edificios
que no solo me digan dónde voy,
que sean más que nombres rotulados en chapa.
Y solo encuentro lluvia, lluvia, lluvia,
que todo lo visible lo adormece.
De acera a acera cruzo en diagonal,
escruto los portales, el vidrio submarino
de las cafeterías, todo intocable,
envuelto en un azogue gris, la lluvia y su película.
Busco quién sabe, un leve olor a rosas
que entreabra un postigo,
un rumbo que me aparte de este rumbo,
una ciudad que no se me derrita
tras las gafas, tal vez un espejismo

en que creer,
mientras voy alejándome,
casi sin avanzar, igual que el perseguido
en una pesadilla, alejándome
del centro, poco a poco,
camino al hospital y oigo la lluvia
y entre la lluvia, nada.

POETA SUCESIVO

¿Quién puede confiar en la memoria?
Caprichosa, inconstante,
a su antojo diluye estados de conciencia.
Inútil es que ahora, al escribir,
me sienta casi un dios.
Es de autores distintos este libro.
Todos ellos hubieran contestado
que eran yo, al preguntarles.
Y no mienten, lo fueron.
Pero solo soy yo quien esto firma,
aunque no lo seré cuando lo leas.

V

MI PRIMER TRESMIL

Aún jadeante me alzo
sobre la estrecha cumbre del Posets,
sobreponiéndome a la repentina
flojera de las piernas,
a la fuerza titánica
que tira de mis órganos
hacia la inmensa nada,
más evidente que la piedra misma
que piso y me rodea.

En cualquier dirección
que lanzo la mirada,
abismos sucediéndose.
Al mismo tiempo estoy lejos de todo
y todo es inminencia.

Qué diminuta, hormiga desde aquí,
la gravedad que ayer

me ataba a mi rutina. Preso
de un albornoz y unas pantuflas, casi
no vengo, por pereza.

Borracho por el vértigo, dedico
esta machada,
los ciento ochenta golpes de mi sangre,
este hombre que soy ante el vacío,
mutante, superhéroe,
a la inercia de mí que aún sigue en casa.

MONTAÑERO

Trepo por una grieta, entre calizas
que van desmigajándose a mi paso.
Es como si mi vida y mi proyecto
empezaran a ser insostenibles
para la tierra. El sol declina,
y verlo es aceptar la lenta decadencia
de mi sombra, sentir que el horizonte
es más un marco hermoso
que una voz que me llama a la aventura.
Aun así, con empeño, me debato
aferrando la piedra
que se triza en mis manos
y cede bajo el peso de mis pies.
Apoyo mis raíces y me asomo
lo mismo que estas hierbas montaraces.
Me bruñe el sol con miel de su cansancio,
sudar es mi certeza.
Me apuesto todo entero en el afán

de auparme a una repisa, de emprender
un sendero seguro, una rutina
que me calme y conforme.

                              Ay, me engaño
creyendo que regreso:
solo busco el momento de rendirme.

VENECIA

Quizá fuera el olor lo novedoso,
lo no vivido aún en crónicas ni en mapas.
Una humedad dramática, solemne.
Incesantes las aguas se mecían
y no encontraba modo de posar
las palomas huidizas
de mis lecturas.
Tanto había temido no llegar
antes de que se hundiera la ciudad
o que me hundiera yo. Pero aquí estaba,
apretujado entre turistas,
asido al *vaporetto*, ante un canal.
Para que no menguara el sortilegio
tenía que pensar continuamente:
¡Soy yo, y estoy aquí,
donde estuvieron Mann, Casanova,
aquí, aquí, aquí!
Esto ocurrió hace meses.

Ahora puedo afirmar con fundamento
que la experiencia en nada me ha cambiado;
en todo caso, con cerrar los ojos,
hay un olor capaz
de llevarme a Venecia.

REGRESO AL FUTURO EN CAFETERÍA REX

TENGO heladas las manos
y eso forma también
parte de la memoria.
Y el olor a gasóleo
mezclado con la luz
cruda del alba,
y el pringoso metal
del pasamanos
y el resoplido de
la cafetera.
Estaba amaneciendo
igual que hoy,
y fuera de mi mundo
cotidiano
todo era una aventura.
Yo era un niño
perdido
en el bullicio

de la gente esperando
un autocar o un tren.
En el espejo grande
que duplicaba el mundo
se cruzaron mis ojos
(los de entonces)
con estos que ahora tengo.
Ninguno de los dos
parpadeamos.
Estaba cada uno
lidiando con su vida,
que era a la vez
la misma y diferente.

¿LA MISMA PLAYA?

No he vuelto a ver la playa,
ya nunca la veré, con unas huellas
de gaviotas recientes,
el mar abrumador, y muy al fondo,
tras un telar de sensaciones,
el tacto de tu mano y la ciudad
fundidos con mi cuerpo
inalcanzable ya de esa mañana.
Sustancias de un naufragio
que apenas dejó restos:
deshilachadas plumas de gaviotas
que chillan mar adentro,
aviones que interrumpen
el sol unos instantes,
esta ciudad borrándose a sí misma,
acreciendo sus sombras, agrandándose
como un gigante hostil

de esos libros que entonces te leía,
que parecían escritos
para niños, y eran ciertos.

PROFESOR INDUSTRIAL

En la bruma difusa
de la gente que pasa por la calle,
un rostro se perfila sonriente,
te llama por tu nombre:
«Me diste clase, dice, ¿me recuerdas?»
Y su expresión te es familiar.
«Ahora soy médico,
cardiólogo», te anuncia
(se está quedando calvo como tú).
Devuelves la sonrisa
sin una vaga idea de cómo se llamaba.
Añade algunos datos, pero fuera
del guion curricular,
no hay mucho que añadir.

Tras hacerte el regalo de acordarse,
lo ves cómo se aleja y se diluye
de nuevo en tu miopía,

indiscernible entre el montón de rostros
que te miran atentos
al empezar el curso
y en junio se despiden
por regla general ya para siempre.

Si es buena la cosecha,
se recoge ella sola
ya fuera del alcance de tu vista.

BUSCANDO APARCAMIENTO
EN ZONA FRANCA

Aún no es de día
ni la noche se fue de la ciudad
que es un gris laberinto
de farolas y asfalto. Cruzo calles
como en un videojuego
sin reglas todavía.

Soy solo la mitad
de mi proyecto, el resto son hilachas
de un sueño inacabado
metidas en el cuerpo
ingrávido y ajeno que es el coche.
No entiendo qué le pasa al GPS.

Así en modo manual,
busco un barrio hipotético
del que anoche me hablaron
cuando yo cansadísimo

escuchaba entre brumas.
Recuerdo haberlo visto sobre un mapa.

Me paro en los semáforos, y a veces
desfilan junto a mí
otros coches sonámbulos
conducidos por sombras.
Ni se me ocurriría poner música,
mezclar la voz de un locutor de radio
con esta irrealidad.
Que nada familiar me encuentre ahora
que me siento tan dueño
de mi propio extravío.

AL VOLANTE

El día y las cunetas lentamente se extinguen
y el ancho mundo
se queda reducido a esta cabina,
a estos despojos, líneas discontinuas, faros,
proyecciones del ser
que la noche devuelve maldecidas,
tan lejos de un origen, tan lejos de una meta,
que en realidad no existo y sólo anhelo
lo que seré al llegar. No me contiene,
no es vida este paréntesis
con una máquina como único testigo.

PERSPECTIVA

CERCA de la autovía
un coche se demora en un sendero,
entre cultivos, bajo la mañana
desgreñada y fría de noviembre.
Paso ante él como una exhalación,
camino del trabajo. Y sin embargo
ahí sigue en mi cabeza
su lentitud, su calma,
su vivir en el margen de esta prisa.
Es como si al volante de ese coche
viajara la persona
que siempre quise ser y no he podido.
Desde ahí cómo se verá mi vida.

MÁTRIX

Un carguero oxidado surca el mar
ante esta playa bulliciosa
y ya nadie lo sigue con la vista,
ni siquiera los niños.
Sobre nosotros un avión atruena
aún más que el mar
y apenas si nos roba un parpadeo.
En otro tiempo hubiéramos
agitado la mano: adiós, adiós.
Ahora sus viajes no tienen consistencia
en nuestro imaginario.
El sol, la música del mar, la arena,
los antiguos asombros,
existen sin nosotros
tras las gafas de sol,
tras el rapto sonoro de los auriculares.

CON POCAS LUCES

Has llegado hasta aquí,
a este sendero, a espaldas del castillo,
con la mente ocupada en tus proyectos,
que hace solo unos pasos
eran el no va más
y se esfuman ahora para dejarte solo.

Se han metido en un charco tus zapatos,
un charco
que no estaba entre tus planes.
Nada ves, no hay farolas,
no sabes dónde pisas,
ni, lo que es aún peor,
dónde está el precipicio.

Cuarenta y tantos años te han traído
a este peligro inesperado,
con toda tu experiencia acumulada,

y te sientes igual
que si tuvieras siete:
con un miedo cerval a despeñarte.

Aspiras con cuidado el aire frío,
no vaya y respirar
incremente el peligro.
Como siempre
que va en serio la cosa,
nadie mira.

Podrías esperar toda la noche,
pero decides
dar unos pasos tímidos
jugándote el pellejo.
No eres tú el temerario,
es la loca impaciencia de este siglo.

Si oyes reír a alguien
leyendo este poema,
será bueno, señal
de que esta vez has vuelto.

DOLOR DE RODILLA

Absorto en su poder, qué rey no necesita
la audacia de un bufón que le recuerde
que es humano y mortal.
Maldecirlo ante otros y mimarlo en privado
es el trato corriente.
Del mismo modo yo, monarca
en mi mediana edad, absorto en el vivir,
encuentro esta mañana al despertar
un mensaje punzante de mi Yorick:
mi rodilla me anuncia que se avecina lluvia.
Duele lo suficiente; no tanto que no puedas
pensar qué significa ese dolor,
qué ligereza estás perdiendo,
a qué incómoda senda te acercas poco a poco.
Me duele como el chiste de un bufón
que me conoce:
a la vez lo maldigo y lo valoro.

CUCARACHAS EN LA COCHERA

Aʟ madrugar un día,
están por todos lados y me escrutan,
relucientes y negras,
hermosas a su modo subversivo.
Entonces, ¿qué me pasa? Desenfundo
y empiezo a ametrallarlas
con el insecticida,
una por una, a bocajarro, sordo
a mi instinto de paz, mi presunción
de hombre dialogante,
al miedo a envenenarme envenenando.
Acabo y, solo entonces, poco a poco,
voy volviendo a ser yo.
Ante mí, sobre el campo de batalla,
reina el silencio, apesta
con su perfume aséptico la muerte.
Me noto el dedo índice mojado
y sé que aunque me lave y enjabone

no borraré el estigma.
Los campos de exterminio, las matanzas
de indios, japoneses, gazatíes,
desde la Iliada al videojuego último,
empezaron así,
con este mismo impulso de un humano
que está asustado porque no comprende
y se aferra frenético al gatillo
creyendo que es la mano de mamá.

TRAIDOR

SIENTO extraña la tierra
que fue para mis muertos
el único lindero concebible.
¿Qué viento es este
que contra el rostro
afila su cuchillo?
El campo, sus olores,
todo es ajeno a mí.
Sólo vengo a cambiar
la piel de mis problemas,
no a exponer los sentidos
al clima y su amenaza.
Si mi abuelo labrase aquí
delante, con mi edad,
curtido, sudoroso,
¿cómo reconocernos?
Qué recelo feroz.

Qué lejos me han traído
los años y los libros,
esta paz mentirosa.

VI

VENGA, ARRIBA, INDIANA JONES

INGRESA en la mañana
respetuoso, sin
apresurarte.
Abre los ojos como si encendieses
una tras otra
las bujías de un templo,
el de una religión donde eres sacerdote.
Porque eso es para ti este nuevo día:
un templo con campanas
llamándote a vivir.
Zambúllete hasta el fondo de este instante
igual que si saltaras
al mar definitivo,
como la última vez que harás las cosas.
No pienses que hubo ayer
ni que, con suerte, habrá un mañana;
tu dios es lo que reina en tus sentidos,
el prodigio eres tú.

Apura tu consciencia hasta los posos
y anda a salvar el mundo
que tienes a tu alcance
que no todos los días son domingo.

PLEAMAR

ME refiero a una música ascendente
que empieza con un solo de susurros.
Antes tal vez, con una solitaria
mano que se desliza silenciosa
y levanta una onda en otra piel.
Enseguida responde la mirada.
La mañana está ahí, no importa dónde.
Pero una vez que empieza la cadencia,
está llevándonos, se van las manos
solas, las bocas acompañan, buscan,
las sábanas no pueden contener
esta pleamar que viene a desbordarse
en olas que destellan al tocarlas:
el agua silenciosa de la que estamos hechos
entre murmullos bulle, sincroniza,
y todo es comprensión y nada piensa
porque esto fue anterior al pensamiento,
cuando éramos la luna en una charca.

Con lágrimas de madre
estás llorando. Y soy
como ese san José de los belenes
que impotente te observa.
No tienes en los brazos a tu hijo.
Simplemente
no está y son Navidades.
Su vida es una estrella que reluce,
pero lejos.
Y con las células
que de él aún conservas,
que al parirlo quedaron
entrañadas en ti,
lo echas en falta, y lloras
como todas las madres han llorado
el desgarro de un hijo
que echó a volar
y no las necesita.

Ternura en carne viva
que velas en tus brazos
inconsolable, hermosa
como una estatua cincelada en mármol.

VIRUS

BLANCO y negro de viejas
películas de miedo
en las que el Mal sabía
disfrazarse del ser que más amabas
y sonreír de un modo
tan sincero que cómo
le ibas a negar lo que pidiera.

Al final acababas
muriendo en tu butaca,
feliz, incluso.

GOIN'HOME

TANTOS años luchando
porque mi casa fuese duradera
y recia,
capaz de cobijarnos
a mi familia
a mí y a mi futuro,
para de pronto un día
mirar por la ventana
y ver
que mis hijos crecieron y volaron,
que mi futuro es esto
que estoy viendo pasar.

Con suerte, la vejez,
el deterioro,
y esta casa durando, resistiendo,
sin venirse conmigo hasta la mar,
formando parte, de hecho,

de la rutina de otro, que también
creerá que esta es su casa:
cemento, polvo, tiempo
acumulado, nada.

ABIERTO 24 HORAS

No se apagan las luces de la Tierra
ni en el lado del sol, ni en el que mira
al infinito y silencioso cosmos
de la noche. Allí, a donde quiera
que apunten los satélites,
hay gente
prendida a una pantalla
o paseando un perro
o acechando o penando o perseguida.
Cada cual en el centro de su mundo,
y tan desparramados, sin embargo…

Qué increíble venir del mismo mono,
de un lagarto anterior,
de un microbio meciéndose en el mar,
del polvo, de la nada,
comer, beber, soñar y ser tan simples
que cualquier algoritmo ya predice

qué haremos con el miedo o con la rabia
o en cuánto valoramos nuestra vida.
Compartimos moléculas y virus,
nos derrota la muerte, y la espantamos
con abrazos, susurros y miradas,
un puñado de síntomas
que llamamos amor, para entendernos.

Inabarcable, incomprensiblemente
hermanos, a pesar
de que es fácil odiarse
en todos los idiomas,
de que ahora no sabríamos
cómo estar juntos.
Pensando en vosotros, en todos,
alzo este privilegio, un vaso de agua
potable. No sé cómo
hacérosla llegar en esta hora
de cerrar mi jornada.

LAS HORAS CONTADAS

Dejaré de ser héroe
en cuanto salga
y uno cualquiera
de quienes se quedan
vaya contando a todos
su versión de los hechos.

CONTENEDORES

QUÉ insidioso el cansancio de los atardeceres,
cuando la luz declina
y las luces del muelle
están aún más cansadas que nosotros.
Qué desolada bóveda.
Se mecen las barcazas
en el mar aceitoso. Aún no es de noche,
pero nos difumina ya el estaño,
la noche que amenaza
con ser definitiva.
Momento de rendirse, dice el alma.
Y se enrosca el desánimo en tu pecho
igual que el áspid que mató a Cleopatra.
Y sin embargo sigues caminando
y cualquiera que mire
se creerá que por dentro
estás como aparentas,

lo mismo hasta consuela a alguno verte
andar con entereza.
Hay que ayudarle, sigue.

LEJANA CERCANÍA

Está sonando una canción
que ha sido escrita
para esta soledad, para esta noche.
Suena igual que la hoguera
de mis antepasados
crepitando encendida.
Quien la escribió no llegará a saber
de este lugar
ni de mí, por supuesto.
Tampoco la cantante.
Están más lejos que las más remotas
estrellas que ni alcanzan
a adivinar mis ojos.
Y sin embargo cómo
los siento cerca ahora,
más cerca que mis venas.
Si cruzo este minuto es porque ellos
me llevan en volandas sin saberlo
a salvo, a la otra orilla.

EL FUTURIBLE

Sᴜɴ pensarlo, esperamos
que detrás de nosotros
vendrá gente capaz
de apreciar lo que fuimos,
de hurgar en las cenizas
y encontrar algo útil todavía,
un mechero que pueda
encender un cigarro, el cabo suelto
de una historia creíble,
aunque nadie recuerde ya los nombres.
Qué vagas esperanzas
lanzadas a luchar contra fantásticas
catástrofes de cine
con las que enmascaramos el olvido.
Son insignificantes las probabilidades
de que alguien lea un día estas palabras,
y sin embargo escribo
como si en serio fueran a leerme
más allá de los siglos de los siglos;

como si construyera un arca
para salvar mi mundo del diluvio
por si al final de los milenios
otro mundo distinto habla de mí.

HERMANDAD EN EL TIEMPO

PASEO junto al foso desolado
donde los libros cuentan
que hubo fragor,
trajín de muchedumbres.

Duraron un instante.

Estuvo preso Borgia,
tajó don Juan Manuel
la lengua de un traidor
y respiraron este aire
el Cid y sus secuaces.

Puede que por azar
tocaran estas piedras que ahora toco
bajo una luz muy parecida.

Los libros que dan fe
de esos instantes, breves
–igual que mi paseo–,
nada dicen del paso de infinitos
personajes sin rostro y sin relieve
que fueron modelando este lugar
con sus rutinas.

Busco en el aire, en plazas y rincones,
un aleteo, un alero
donde estén suspendidas sus miradas.

Esta desolación resulta al cabo
más poderosa y duradera.
Es eso lo que estamos compartiendo.

EN LAS ÚLTIMAS

Cuando doblo la esquina
del día, desfondado,
está ardiendo mi vida
en donde la dejé.

Cierro con llave. Afuera
oigo pasos,
está la jungla hambrienta,
aullando, acechadora.

Miro por la ventana
y la luna rebosa,
me baño en lo que he sido,
me leo hasta dormirme.

Y cuando me despierto,
oigo un gallo
tan lejos,
             que ya fue.

157

BOLSAS VACÍAS

EL viento arrastra, arremolina bolsas
que no contienen nada
y sin embargo muestran
el color, la pericia de un ser vivo.
De pronto liberadas,
unidas en enjambres,
buscan, en desbandada, por instinto,
las afueras, sus centros comerciales.
El viento las recluta
entre las vagabundas
y, aunque no cambie nada
cruzar al otro lado,
todas juntas empujan
las vallas que protegen la autovía,
hasta tumbarlas
y otra vez se dispersan
como si celebrasen.
En el amanecer de la ciudad, las bolsas

crepitan como pájaros hambrientos,
sólo ellas saben
qué buscan
en las calles vacías.

HACIA EL ATARDECER

HACIA el atardecer
en el coche
desbordado de música:
Nothing else matters
a todo volumen,
como un desmelenado
sin melena,
como un adolescente
que cumple por tercera
vez veinte años.
Y nada más importa.
Tendré que atravesar
una ciudad mediana,
desentenderme
de algunos compromisos
—en realidad
de todos—
¡Que revienten!

No hay otra obligación
que llevarme en volandas
hacia el atardecer,
aunque se me haga
de noche en el camino.

ESPECIE DE EPÍLOGO

Después de casi medio siglo escribiendo poemas, sentía la necesidad de recapitular, de condensar los poemas dispersos de mi trayectoria. No pretendía unas obras completas en las que no creo —si me desagrada el exceso de hojarasca de las de mis maestros, qué puedo esperar de las mías.

Me apetecía especialmente que la antología apareciera en esta colección rayada, a la que siempre he sido aficionado y donde he leído a los amigos a los que más debo. Gracias a Abelardo Linares por acogerme.

También gracias al librero Ángel Collado. En Popular Libros han ido cuajando mis lecturas y proyectos, allí he presentado casi todas mis obras. Cuando necesito poner los pies en el suelo, acudo a la amistad de Ángel que a menudo ejerce también como mecenas.

Otro puñado de amigos han contribuido con su lectura y sus consejos a que estos versos superen mis limitaciones. A veces aún me parece escuchar al fondo de ellos las voces de Antonio Cabrera, José Luis Parra, Miguel d'Ors, Karmelo Iribarren, Vicente Gallego, Agustín Pérez Leal, Javier Lorenzo Candel, Ángel Aguilar Bañón, Juanjo Jiménez, Maribel Blázquez, Carmen Lillo… Y en primer plano la de Carlos Marzal, que ha prologado el libro. Debería haber aprendido de Borges que el peligro de hacer listas es que las omisiones prevalecen y hay quien piensa que uno carece de sensiblidad. Arrostraré el riesgo, qué remedio.

No olvido (es imposible) a la crítica más feroz y la más necesaria, la que me destroza con su sinceridad y luego me rescata de entre las cenizas: Verónica Hernández, a quien están dedicados éste y todos mis libros.

POEMARIOS EXENTOS DEL AUTOR

Una senda de aldeas cotidianas (Diputación de Albacete, 1991)

Las aves sin dueño (La Siesta del Lobo, 2000)

Adelántate a toda despedida (Pre-Textos, 2005)

«Alcancía», «Antes del desayuno», «Madre», «Detalle de un patio en septiembre», «Playablanca», «*Finis terrae*», «Esfera roja», «El reino de las luces menguantes», «Al volante», «Traidor», «Desbrozar el camino»

La memoria del visionario (Visor, 2006)

«Oír la propia voz», «La memoria del visionario», «Las noches que no hay cuento», «Amigos», «Atardecer en la laguna»

Cosas que apenas pasan (Hiperión, 2008)

«Furtivos», «El sabor solitario», «Carta sin destinatario», «Perspectiva», «Mátrix», «Venecia», «¿La misma playa?», «Murcia», «Dolor de rodilla», «Bolsas vacías», «Poeta sucesivo»

Alguien queda (Renacimiento, 2013)

«Trabajo en equipo», «Que lo sepáis», «*Stand by*», «No hay vuelta atrás», «Día de difuntos», «Aparecidos», «La acera sin el hombre», «Gato», «El extraño», «Ventana trasera», «Con pocas luces», «Tren de regreso», «Hermandad en el tiempo», «La fecha», «El futurible», «Lejana cercanía»

El otro ser (La Isla de Siltolá, 2018)

«Caldofrán», «Lectura viva», «Partir el pan», «Castillo vacío», «Cafés literarios», «Más afán que propósito», «Auto-conjura», «Relatividad», «Para eso vine al mundo», «Cuca-rachas en la cochera», «Mi primer tresmil», «Domesticar la domus», «Lo que hay que oír», «Profesor industrial»

El principio del vuelo (Páramo, 2022)

«Carta al maestro», «Concierto para risa y orquesta»

A todo esto (Pre-Textos, 2023)

«La caña de los viernes», «Réquiem», «Regreso al futu-ro en cafetería Rex», «A veces no me entiendo con mis muertos», «Romería quieta», «La vida de otros», «En las últimas», «Montañero», «Pleamar», «Buscando aparca-miento en zona franca», «Venga, arriba, Indiana Jones», «*Pietà*», «Contenedores», «*Goin'Home*», «Abierto 24 horas»

Viento tejido (Inédito)

«Virus», «Las horas contadas», «Hacia el atardecer»

ÍNDICE

II

III

Cesto de moras.
Antología poética
de ARTURO TENDERO
se terminó de imprimir
el 15 de septiembre de 2025